BEI GRIN MACHT SICH IHR WISSEN BEZAHLT

- Wir veröffentlichen Ihre Hausarbeit,
  Bachelor- und Masterarbeit

- Ihr eigenes eBook und Buch -
  weltweit in allen wichtigen Shops

- Verdienen Sie an jedem Verkauf

Jetzt bei www.GRIN.com hochladen und kostenlos publizieren

Sven Sörensen

Extreme Programming und Software-Qualität

Für wen leistet XP welchen Beitrag bezüglich der Qualität eines Software-produktes?

GRIN Verlag

Bibliografische Information der Deutschen Nationalbibliothek:

Die Deutsche Bibliothek verzeichnet diese Publikation in der Deutschen National-
bibliografie; detaillierte bibliografische Daten sind im Internet über http://dnb.d-
nb.de/ abrufbar.

Dieses Werk sowie alle darin enthaltenen einzelnen Beiträge und Abbildungen
sind urheberrechtlich geschützt. Jede Verwertung, die nicht ausdrücklich vom
Urheberrechtsschutz zugelassen ist, bedarf der vorherigen Zustimmung des Verla-
ges. Das gilt insbesondere für Vervielfältigungen, Bearbeitungen, Übersetzungen,
Mikroverfilmungen, Auswertungen durch Datenbanken und für die Einspeicherung
und Verarbeitung in elektronische Systeme. Alle Rechte, auch die des auszugsweisen
Nachdrucks, der fotomechanischen Wiedergabe (einschließlich Mikrokopie) sowie
der Auswertung durch Datenbanken oder ähnliche Einrichtungen, vorbehalten.

Impressum:

Copyright © 2004 GRIN Verlag GmbH
Druck und Bindung: Books on Demand GmbH, Norderstedt Germany
ISBN: 978-3-638-65527-9

Dieses Buch bei GRIN:

http://www.grin.com/de/e-book/39986/extreme-programming-und-software-quali-
taet

GRIN - Your knowledge has value

Der GRIN Verlag publiziert seit 1998 wissenschaftliche Arbeiten von Studenten, Hochschullehrern und anderen Akademikern als eBook und gedrucktes Buch. Die Verlagswebsite www.grin.com ist die ideale Plattform zur Veröffentlichung von Hausarbeiten, Abschlussarbeiten, wissenschaftlichen Aufsätzen, Dissertationen und Fachbüchern.

Besuchen Sie uns im Internet:

http://www.grin.com/

http://www.facebook.com/grincom

http://www.twitter.com/grin_com

Fachhochschule Wedel

Seminararbeit (Informatik) SS 2004

in der Fachrichtung

Wirtschaftsinformatik

Extreme Programming und

Software-Qualität

Eingereicht von: Sven Sörensen

Erarbeitet im: 7. Fach- & 7. Verwaltungssemester

Abgegeben am: 2. Juni 2004

Inhaltsverzeichnis

Abbildungsverzeichnis

Tabellenverzeichnis

Abkürzungsverzeichnis

Abb.	Abbildung
bzw.	beziehungsweise
i.A.	im Allgemeinen
i.A.a.	in Anlehnung an
Kap.	Kapitel
o.O.	ohne Angabe des Ortes
o.V.	ohne Angabe eines Verfassers
o.Z.	ohne Angabe des Erscheinungsjahres
s.	siehe
s.a.	siehe auch
sog.	so genannter
Tab.	Tabelle
u.a.	und andere
u.Ä.	und Ähnliche(s)
u.v.a.	und viele andere
vgl.	Vergleiche
XP	eXtreme Programming

I) Einleitung

I.1) Problemstellung

Was ist unter eXtreme Programming zu verstehen? Springen dabei Entwickler mit hängenden Augenringen, ohne soziale Kontakte und einem Laptop vor den Bauch geschnallt Bungee? Oder handelt es sich beim XP um „hacking-as-usual", ein fröhliches Cowboy-Hacking schick verpackt hinter einem provokanten, avantgardistisch anmutenden Terminus?

Die Antwort ist einfach – die Antwort ist Nein. XP ist ein strenges, sehr viel Disziplin erforderndes Vorgehensmodell für die Softwareentwicklung, was durch aktuelle Probleme im Bereich der Softwareentwicklung motiviert frischen Wind in die Diskussion über den grundsätzlichen Ablauf eines Entwurfsprozesses bringen konnte.

Keine Frage – XP ist anders. Das X aber steht nicht etwa für eXtremes Verhalten oder eXtremes Loslassen vom Herkömmlichen. Es steht auch nicht für eXtremes Risiko oder eXtremen Erfolg. Das X steht für die eXtreme Intensität, die dieses Verfahren von seinen Partizipanten verlangt, eXtreme Identifikation mit den Werten und ein möglichst eXtremes Umsetzen der operativen, durch das XP geforderten Instrumente. EXtrem bezieht sich auf Disziplin und fordert Teamfähigkeit und Kompetenz – viel mehr als der Titel auf den ersten Blick zu suggerieren vermag.

Was genau man hinter XP zu verstehen hat und wo genau dessen Einflüsse auf die Qualität vom Endprodukt – der Software – vermutet werden können, das ist Aufgabe und primäres Ziel dieser Auseinandersetzung. Dem Leser soll bewusst werden, wo sowohl die Befürworter als auch die Widersacher des XPs argumentativ ansetzen, wenn es um die Verteidigung respektive dem Angriff von bzw. gegen XP geht. Es liegt hierbei sicherlich keine vollständige Abhandlung über XP vor; das meiner Meinung nach Wichtigste wird hier erörtert.

Um darüber hinaus das XP in die Welt der Softwarequalitätsbegriffe einordnen zu können, wird die Arbeit durch hinreichende Informationen zu diesem Thema mit einer strikten Hinführung zum XP begonnen.

Für wen leistet XP welchen Beitrag bezüglich der Qualität eines Softwareproduktes und wie verspricht es, dieses zu gewährleisten? Ziel der Abhandlung ist es, hierfür eine plausible Antwort zu finden.

I.2) Gang der Untersuchung

Für die Antwort auf diese Leitfrage sind drei Schwerpunkte vorgesehen.

Im nachfolgenden Kap. II soll XP in den Kontext der Software-Qualität eingeordnet und dadurch ein Wissensfundament erzeugt, das ausreicht, um die einzelnen Argumentationen für oder gegen XP nachvollziehen zu können. Dabei wird nach einer grundsätzlichen Definition von Qualität auf Qualitätsmerkmale eingegangen. Deren Ausprägungen können als möglicher Indikator für bzw. gegen Qualität dienen. Zuletzt wird XP in die Welt der Vorgehensmodelle eingeordnet, um auch zwischen den Alternativen argumentieren zu können.

Das Kap. III stellt den Kern der Ausarbeitung dar und erläutert XP, seine Werte und seine Techniken. Da es aus Redundanzgründen müßig wäre, getrennt einen Abschnitt für die qualitative Bewertung vor allem der Techniken zu öffnen, wird immer unmittelbar Bezug zum Qualitätsbeitrag – je nachdem in welchem Maße ein solcher Sinn macht – hergestellt.

Den dritten Schwerpunkt bildet das Kap IV - eine kritische Auseinandersetzung mit XP. Dabei werden Argumente für und gegen XP vorgetragen und soweit es nötig ist auch kommentiert. Abschließend werden die Anwendbarkeit auch in Hinsicht auf Alternative Vorgehensmodelle und das zukünftige Potenzial von XP kurz durchleuchtet.

In einem kurzen Fazit (Kap. V) wird dann zusammenfassend resümiert. Dabei soll abschließend auch versucht werden, eine sinnvoll hergeleitete Antwort auf die Leitfrage zu finden.

I.3) Anmerkungen zur Literatur

Doch bevor es nun losgeht noch ein paar Bemerkungen zu evtl. hilfreicher Sekundärliteratur.

An Material für diese Ausarbeitung wurden Quellen verschiedenster Art identifiziert. Darunter sind sowohl Bücher (deutsch wie englisch) als auch eine Studie, veröffentlichte Artikel wie auch Vorlesungsunterlagen und einfache Artikel auf Internetseiten. Im Literaturverzeichnis (A1) können die im Internet verfügbaren Quellen direkt über den angegebenen Link nachgeschlagen werden. Alle Internetreferenzen sind zudem mit vielen anderen Materialien auf der beiliegenden CD Offline verfügbar.

Ein besonderes Augenmerk wurde auf das Buch von LIPPERT, ROOCK und HENNING gelegt. Hier werden die Grundlagen des XPs anhand praktischer Erfahrungen dargestellt.

Einen besonderen Schmankerl über die Wirkung und die Akzeptanz von XP findet sich dann in der durch RUMPE und SCHRÖDER veröffentlichten und frei verfügbaren Studie, an der 47 Unternehmen aus der ganzen Welt, die Erfahrungen mit XP gesammelt haben, teilgenommen haben. Leider ist die Studie von 2001 und damit an Aktualität überholt. Aber grundsätzliche Aussagen und Tendenzen gerade in Hinblick auf die von den Befragten empfundene Qualität und den Einsatz von XP lassen sich hier ablesen. Diese Studie ist in den Anhang A2 gestellt.

II) Software-Qualitätsbegriffe im Kontext der Arbeit

II.1) Qualität und Qualitätsmerkmale

Qualität ist ein weitgreifender Begriff, der allgemein nach der DIN 55350-11 als „die Beschaffenheit einer Einheit bezüglich ihrer Eignung, festgelegte und abgeleitete Erfordernisse [...] zu erfüllen"[1] verstanden wird. Somit steht die Beziehung zwischen realisierter Beschaffenheit und den einzelnen Anforderungen, den so genannten *Qualitätsanforderungen*, im Mittelpunkt aller die Qualität betreffenden Überlegungen.

WALLMÜLLER konstatiert bei dieser Betrachtung, dass gerade im Kontext des in dieser Ausarbeitung interessierenden Bereiches der Softwareentwicklung bzw. -produkte „Die *Eignung* ein und derselben Sache [...] für verschiedene Verwendungen unterschiedlich sein"[2] kann. Umfangreiche Produkte bzw. Systeme, die in komplexen Situationen allen Qualitätsanforderungen genügt, können in anderen weniger komplexen Situationen ungeeignet wirken. So mag SAP zwar allen (betriebswirtschaftlichen) Anforderungen eines Fünf-Mann-Unternehmens entsprechen, aber wegen der unnötigen Komplexität einfach nicht für einen effektiven Einsatz zweckdienlich sein.

Zur Bewertung der Qualität eines Betrachtungsgegenstandes werden *Qualitätsmerkmale* herangezogen. Diese beschreiben „Eigenschaften einer Funktionseinheit [...], anhand derer ihre Qualität beschrieben und beurteilt"[3]

	Korrektheit	Zuverlässigkeit	Effizienz	Portabilität	Adäquatheit	Erlernbarkeit	Robustheit	Lesbarkeit	Erweiterbarkeit	Prüfbarkeit
Korrektheit			-					+	+	+
Zuverlässigkeit	+						+	+	+	+
Effizienz	-						-	-	-	-
Portabilität		-			-			+	+	+
Adäquatheit		+	-				+			
Erlernbarkeit					+					
Robustheit	+	+	-					+		+
Lesbarkeit			-						+	
Erweiterbarkeit			-	+						+
Prüfbarkeit			-				+	+	+	

Tab. 2.1: Wechselwirkungen ausgewählter Qualitätsmerkmale[4]

---

[1] Liggesmeyer, Peter: *Software-Qualität,* Berlin, 2002, S. 5
[2] Wallmüller, Ernest: *Software-Qualitätsmanagement,* München, 2001, S. 12
[3] Liggesmeyer, Peter: *Software-Qualität,* Berlin, 2002, S. 5

werden kann. Im Bereich der Softwareentwicklung zählen hierzu unter anderem
Sicherheit, Funktionalität, Integrität bzw. Korrektheit, Zuverlässigkeit, Verfügbarkeit,
Robustheit, Speicher- und Laufzeiteffizienz, sowie Änder- und Erweiterbarkeit, Portabilität, Wartbarkeit, Prüfbarkeit, Adäquatheit und letzten Endes auch die Benutzbarkeit bzw. Erlernbarkeit einer Software[5]. In bestimmten Fällen ist auch die
Interoperabilität bzw. Kompatibilität zu anderen Systemen von entscheidender Be-
deutung. *HÄRTL* klassifiziert die aus seiner Sicht wichtigsten Merkmale in drei Kate-
gorien: Die Gebrauchstauglichkeit (Usability) stellt die direkte Benutzersicht dar und
umfasst Funktionalität, Zuverlässigkeit, Integrität, Korrektheit, Benutzerfreundlich-
keit, Robustheit und Effizienz einer Software. Die zweite Gruppe umfassen die
Merkmale zur Revisionsfähigkeit einer Software. Dazu zählen die Änderbarkeit, die
Erweiterbarkeit und die Ausbaufähigkeit, die Wartbarkeit und die Überprüfbarkeit
bzw. die Verifizierbarkeit. Zu guter Letzt wird die Transitionsfähigkeit genannt. Diese
beschreibt Merkmale, die ein Produkt oder Produktteile insgesamt auch noch an-
derweitig nutzbar machen. Dieses wird durch ein hohes Maß an Portabilität,
Wiederverwendbarkeit und auch Interoperationalität bzw. Kompatibilität gefördert[6].
Während die Gebrauchstauglichkeit vor allem die kurzfristige Kundenzufriedenheit
beeinflusst, befrieden Revisions- und Transitionsaspekte stärker die strategischen
und damit langfristigeren Ansprüche des Kunden bzw. der Entwickler (Abb. 2.1).

Häufig bewirkt die Verbesserung der
Qualität hinsichtlich eines Merkmals
die Verschlechterung eines anderen.
POMBERGER und *BLASCHEK* liefern eine
solche Gegenüberstellung dieser
Wechselwirkungen in Hinsicht auf
eine eigene Merkmalsselektion (s.
Tab. 2.1).

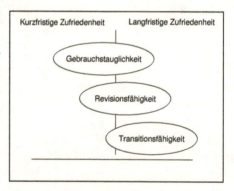

Abb. 2.1: Zufriedenheitshypothese

---

[4] Pomberger, Gustav/Blaschek, Günther: *Software Engineering*, S.14
[5] vgl. Liggesmeyer, Peter: *Software-Qualität*, Berlin, 2002, S. 6ff
[6] vgl Härtl, Hartmut: *Software Engineering – Softwarequalität*, o.O., o.D.

II.2) Prozesse

Bei der Bestimmung von *Software-Qualität* handelt es sich um eine spezielle Form der oben beschriebenen allgemeinen Qualitätserfassung, die neben den genannten Grundsätzen der Eignung und der aufgeführten Merkmale auch noch Aussagen über den Entwicklungs-, Betriebs- und Wartungsprozess einbezieht.[7] Diese Sicht berücksichtigt die unverrückbare gegenseitige Abhängigkeit zwischen der Qualität des Endproduktes und der Qualität des Entwicklungsprozesses. Zahlreiche aktuelle Qualitätsmodelle (CMM, SPICE, TRILLIUM u.a.)[8] und Qualitätspreise (European Quality Award, Malcolm Baldrige National Quality Award[9] u.v.a.) stellen explizit Prozesse im Rahmen eines TQM in den Mittelpunkt der Bewertung[10].

WENDT führt in seinem Aufsatz über die *„Klassischen Fehler in der Softwareentwicklung"* ein Beispiel für die Selbstverständlichkeit aus, die wir heute in anderen Situationen an Erstellungsprozesse stellen:

„[...] Ein Schreiner, der eine Tür bauen soll, nimmt das Maß auf, läßt sich die Details der Tür vom Bauherren (schriftlich) bestätigen, fertigt eine Skizze an, stellt Tür und Zarge in der Werkstatt her, und setzt sie ein. Käme der Mann aus der Software-Entwicklung, unterläge er der Versuchung, sein Werkzeug und einen großen Stapel Holz aus dem Lager an die Baustelle zu transportieren und dort solange zu sägen, bohren, schrauben und hämmern, bis das Loch in der Wand geschlossen ist, mit mehr oder minder zufälligem Ergebnis. Und dort liegt die Krux in der Software-Entwicklung. Die Umgebung gestattet es in der Regel, bis zum letzten Moment an dem Produkt zu ändern, ohne daß man es diesem sofort ansieht, während der Schreiner aus dem Beispiel ohne sein strukturiertes Vorgehen den Auftrag nicht mit wirtschaftlichem Erfolg und für den Kunden zufriedenstellend abschliessen könnte. Das geht auch in der Software-Entwicklung nicht, nur merkt man es nicht so schnell! Software-Projekte laufen immer Gefahr, Termin und Budget zu überschreiten. Durch die Zerlegung in überschaubare Phasen gewinnt man [...] Planungssicherheit und erhält durch die eingebauten Meilensteine und Verifizierungen ein Lenkungsinstrument, mit dem frühzeitig Abweichungen erkannt und Korrekturmaßnahmen ergriffen werden können.[...]"[11]

Dieses *Lenkungsinstrument* für konzeptioniertes bzw. standardisiertes Vorgehen stellen die so genannten *Vorgehensmodelle* (synonym wird auch Software Lifecycle, Phasenmodell, Projektmodell oder Prozessmodell verwendet) dar. „Ein Vorgehensmodell beschreibt modellhaft, d.h. idealisiert und abstrahiert, den Software-Ent-

---

[7] vgl. Wallmüller, Ernest: *Software-Qualitätsmanagement,* München, 2001, S. 7
[8] vgl. Liggesmeyer, Peter: *Software-Qualität,* Berlin, 2002, S. 11ff / S. 22ff
[9] weitere Informationen http://www.efqm.org, http://www.quality.nist.gov
[10] vgl. Fuermann, Timo/ Dammasch, Carsten: *Prozessmanagement,* München, 2002, S. 5f
[11] Wendt, Dierk: *Klassische Fehler,* 1995, Kap. 3.1.

wicklungs-, -Betriebs- und -Pflegeprozess"[12]. Sie zählen zu den wichtigsten *konstruktiven Qualitätsmaßnahmen* und liefern technische, organisatorische und psychologisch-orientierte Ausführungsbestimmungen und Hilfsmittel[13]. Das Ziel der konstruktiven Maßnahmen ist die konsequente Ausrichtung an den Anforderungen zur Vermeidung von Fehlern und Mängeln während des Entwicklungs- und Pflegeprozesses[14].

II.2.1) Herkömmliche Verfahren

In den meisten Fällen bilden die einzelnen Phasen eines Softwareerstellungsprozesses die Grundstruktur eines Vorgehensmodells. Zu jenen zählen beispielsweise das klassische, sequentielle Software-Life-Cycle-Modell, das Wasserfallmodell und das V-Modell[15].

Eine zweite Gruppe stellen die iterativen Software-Entwicklungsstrategien – allen voran das Prototyping – dar. Dieser Ansatz schließt die klassische Phasenorientierung nicht aus; er wirkt vielmehr ergänzend[16]. Mit ihnen wird ein wesentlicher Kritikpunkt aller obengenannten Verfahren, nämlich die lange Wartezeit für den Kunden, bevor dieser ein kritikfähiges, reales Produkt für die Prüfung der Anforderungserfüllung in den Händen hält, ausgeräumt. Prototypen erlauben ein schnelles Urteil über massgebliche Mängel in der Kommunikation und der darauf aufsetzenden Planung bzw. Analyse. Auch können verschiedene Lösungsansätze diskutiert und so im Interesse aller Beteiligten die Entscheidung für eine optimale Lösung nicht bloß aus theoretischer Perspektive getroffen werden.

---

[12] vgl. Wallmüller, Ernest: *Software-Qualitätsmanagement,* München, 2001, S. 127
[13] Ebenda, S. 116
[14] Ebenda, S. 116
[15] *vertiefende Informationen zu den einzelnen Verfahren können der Literatur entnommen werden. Wegen des eingeschränkten Umfanges des Seminars wird auf diese Informationen verzichtet.*
[16] Vgl. Pomberger, Gustav/Blaschek, Günther: *Software Engineering,* München, 1993, S. 24

II.2.2) Agile Methoden

"It would be nice to think that software development could become a tidy, predictable, orderly business, but as BERARD reminds us, *walking on water and developing software from a specification are easy if both are frozen.*"[17]

Die vorherrschenden kritischen Fragen nach den hohen Kosten und der langen Dauer eines Softwareerstellungsprozesses, die häufig ungenaue und nicht zufrieden stellende Spezifikation der Kundenwünsche und die Nichteinhaltung von Terminen begleitet durch unter Umständen nicht zu verhindernde Änderungen der Anforderungen mit den für den Kunden entsprechend des Umfanges hohen Anpassungskosten, zwangen die Praxis geradewegs dazu, einen Ausweg durch neue Methoden zu finden[18]. Während sich insbesondere die Gruppe der strikt an den Phasen des Software-Entwicklungsprozesses orientierenden Modelle gerade bei kleineren oder auch wegen fehlenden Erfahrungswerten sehr unpräzise beschreibbaren Projekten als zu enges Korsett herausgestellt haben, konnten flexiblere Vorgehensmodelle, die auch häufig unter dem Terminus der *Agilen Methoden* subsumiert werden, an Einfluss gewinnen.

Das *Agile Manifesto* bildet für diese Verfahren die ideologische Basis (s.a. A2)[19]. Agile Methoden gehen grundsätzlich von wesentlich weniger Planung und Dokumentation aus und fordern stattdessen eine enge Zusammenarbeit mit dem Kunden. Des Weiteren verlangen all diese Methoden kurze Releasezyklen, ein iteratives Vorgehen, ständiges Testen und eine konsequente Orientierung an den Anforderungen. Auf Änderungen soll so möglichst unbürokratisch und flexibel reagiert werden können[20]. Zudem werden auf der einen Seite hinsichtlich der Team- und Kommunikationsfähigkeit, der Flexibilität, der Erfahrung, des Talentes und des Könnens hoch qualifizierte Entwickler gefordert[21]. Auf der anderen Seite muss die Akzeptanz bzw. das Vertrauen des Kunden in diese Vorgehensmodelle sichergestellt sein. Für den Erfolg bedarf es einer einwandfrei funktionierenden Kommunikation auf einfachen Kommunikationswegen zwischen allen beteiligten Personen.

---

[17] Thomas, Dave/ Hunt, Andy: *Pragmatic Programming*
[18] vgl. Raditsch, Dieter: *Vergleich*, o.O., 2003, S. 3ff
[19] Weitere Informationen unter http://agilemanifesto.org/
[20] vgl. Raditsch, Dieter: *Vergleich*, o.O., 2003, S. 7
[21] Ebenda, S. 12

Es wurden mittlerweile eine Vielzahl von Verfahren entwickelt, die dieser Gruppe zuzuordnen sind. Dazu zählen beispielsweise das Scrum[22], Dynamic System Development Method (DSDM)[23], Adaptive Software Development[24], Crystal[25], Feature Driven Development (FDD)[26] und Pragmatic Programming[27] [28]. Das bekannteste und auch am weitesten verbreitete Verfahren aus diesem Bereich ist allerdings das *Extreme Programming* – oder kurz XP –, welches den Kern dieser Ausarbeitung bildet und im Folgenden auch in seinen grundsätzlichen Ideen und Motivationen vorgestellt werden soll.

---

[22] http://www.controlchaos.com/Scrumo.htm
[23] http://www.surgeworks.com/dsdm/
[24] http://www.stc-online.org/cd-rom/cdrom2000/webpages/jimhigh/
[25] http://alistair.cockburn.us/crystal/crystal.html
[26] http://www.featuredrivendevelopment.com/
[27] http://oopsla.acm.org/fp/files/tut-5.html
[28] vgl. Raditsch, Dieter: *Vergleich*, o.O., 2003, S. 9

III) **Extreme Programming**

In diesem Abschnitt sollen dem Leser nun ausgehend von der Zielstellung, die Aus-
wirkungen des XP auf die Qualität einer Software zu zeigen, die notwendigen Infor-
mationen rund um das XP versinnbildlicht werden. Der Leser soll die Werte und die
Techniken, die das Vorgehensmodell XP charakterisieren, verstehen um dann die
Kritik in Kap. IV nachvollziehen zu können. Bewusst werden hier deshalb einige
Themen nur am Rande behandelt.

III.1) Grundlagen

XP ist nicht alt: Erst Ende 1999 veröffentlicht KENT BECK, einer der Väter des XP, mit
Extreme Programming Explained[29] das erste Buch zu diesem Thema[30]. Die Diskussion um das völlig „Neue" war damals schon angestoßen und ist heute noch nicht
abgeschlossen – zu unterschiedlich sind die Meinungen, zu gegensätzlich die Ein-
drücke über den durch XP bereitgestellten, leichtgewichtigen Softwareentwicklungsprozess und seine Forderungen. XP konnte dank seiner provokanten Thesen, Softwareentwicklung schneller und mit erheblich geringerem Risiko für den Kunden zu
unterstützen, wesentliches Interesse auf sich ziehen.

Entscheidend für die Fremde ist dabei die starke Adaption, bislang untypischer
Verfahren sowie im Gegenzug die Abkehr von herkömmlichen Selbstverständlich-
keiten. So wird in Zweierteams programmiert, auf externe Dokumentation weitestgehend verzichtet und der Kunde unmittelbar als Bestandteil des Teams verstanden. Ein festes Klammern an einzelnen Phasen (wie bspw. im Wasserfallmodell) ist
obligatorisch - eben leichtgewichtig -, das Prototyping zur Akzeptanzkontrolle beim
zahlenden Kunden auf seine Art implizit (sog. Spike – Solutions) und das starke
Fokussieren auf den Geschäftswert statt technischer Abhängigkeiten von Funktionalitäten Kundenorientierung. Man akzeptiert inhaltliche Unsicherheit, man „will Ver-
änderungen" – welches andere Vorgehensmodell kann das schon von sich be-

---

[29] *Englische Ausgabe erschien im Oktober 1999, die Deutsche erst knapp ein Jahr später im
Addison-Wesley Verlag*
[30] vgl. Lippert, Martin/ Roock, Stefan/ Wolf Henning: *Extreme Programming – Erfahrungen*,
Heidelberg, 2002, S. 1

haupten? Gerade in Zeiten sich stetig unfreiwillig ändernder Geschäftsprozesse ist Flexibilität ein Wettbewerbsvorteil. Genau das gleiche soll für die Softwareentwicklung gelten!

So behauptet XP von sich, dank seiner änderungsfreundlichen Ausrichtung die Kosten für nachträgliche Änderungen fast unabhängig vom Projektfortschritt konstant niedrig halten zu können. Eine extreme Gegenüberstellung ist der Abb. 3.1 bzw. 3.2 zu entnehmen. Hierzu sei angemerkt, dass es sich grundsätzlich um logisch abgeleitete Schätzungen handelt, die zum Teil aber sicher nicht in jedem Fall in der Praxis in der Schärfe bzw. Milde eintreten; die Aussage ist daher als Tendenz zu lesen.

XP ist nur bei gut strukturierter, objektorientierter Entwicklung in vollem Umfang einsetzbar und setzt neben einer unwahrscheinlich hohen Qualifikation und Disziplin beim Entwickler auch die Bereitschaft des Kunden voraus, der, wie noch in Kap. III.2.3 zu sehen sein wird, aktiv am Entwicklungsprozess teilnehmen muss.

Doch um zu verstehen, wie dieser Entwicklungsprozess genau motiviert wird, ist ein Blick auf die Werte des XPs (Kap. III.1.2) und die die Werte unterstützenden operationalen Hilfsmittel – die Techniken (Kap. III.2) – unabdingbar.

Aber bevor nun darauf eingegangen wird, soll klargestellt werden, welche Rollen aus Sicht des Projektmanagements in einem XP-Projekt typisch sind.

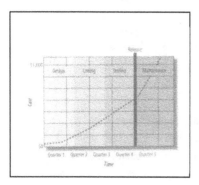
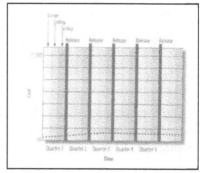

Abb. 3.1: Cost-of-Change- Kurve traditioneller Vorgehensmodelle[31]   **Abb. 3.2**: Cost-of-Change- Kurve beim XP[32]

---

[31] o.V.: *Extreme Programming Pocket Guide*, Sebastopol, 2003, S.2
[32] Ebenda, S.9

III.1.1) Rollen in einem XP-Projekt

Ein einfaches XP-Team setzt sich aus dem *Kunden* (wirtschaftliche und inhaltliche Entscheidungen, Akzeptanz sicherstellen), den *Entwicklern* (Entwurf, Programmieren, Korrektheit testen) und einem *Tracker* (Budgetkontrolle, Projektfortschritt, Effektivitätsmessung, primärer Ansprechpartner für den Kunden) zusammen. Um den Kunden beim Testen der Akzeptanz zu unterstützen gibt es zusätzlich die Rolle des *Testers*. Ein *XP-Coach* unterstützt gerade frische XPler beim Erlernen der Techniken, kann aber kontrollierend auch Mehrwert in erfahrenden Teams schaffen[33]. Hier wird deutlich, dass von einer relativ hierarchielosen Besetzung ausgegangen wird, die grundsätzlich eine Beschränkung der Teamgröße erfordert.

III.1.2) Werte

XP basiert auf vier einfachen Werten: *Einfachheit, Kommunikation, Feedback* und *Mut*. Nur „Wer diese Werte lebt [...]" so LIPPERT, „[...] kann die XP-Techniken einfach erlernen und einsetzen"[34].

Einfachheit unterstreicht dabei die Motivation, grundsätzlich die einfachste Lösung – da diese meist schneller und kostengünstiger realisierbar ist als komplexe – für ein Problem zu finden. Auch der Entwicklungsprozess selbst – also XP – ist daher einfach gehalten.[35]

Kommunikation in Form persönlicher Gespräche steht im Vordergrund. Dadurch sollen Missverständnisse und Unklarheiten beseitigt werden; eine ausführliche Dokumentation des Projektes ist dann zu diesem Zwecke nicht zwingend erforderlich. Auch der Kunde soll unmittelbar als Ansprech- und Diskussionspartner zur Verfügung stehen (s. dazu später: <u>Kap. III.2.3</u>: *Kunde vor Ort*).[36]

---

[33] Lippert, Martin/ Roock, Stefan/ Wolf Henning: *Extreme Programming – Erfahrungen*, Heidelberg, 2002, S. 121ff
[34] Ebenda, S. 4
[35] vgl. Lippert, Martin/ Roock, Stefan/ Wolf Henning: *Extreme Programming – Erfahrungen*, Heidelberg, 2002, S. 4
[36] Ebenda, S. 5

Das *Feedback* ist die wesentliche qualitätssichernde Komponente im XP. Dieses erfolgt auf der einen Seite durch ständiges *Testen* der Software auf Korrektheit und auf der anderen Seite durch die häufigen Rollouts für den Kunden, die dessen Anforderungserfüllung mit dem im Entwicklungsstand gegebenen Programmumfang für den Kunden überprüfbar macht.[37]

Mut ist die psychologische Komponente, die sich als Anforderung aus den anderen drei genannten Werten ergibt. Denn nur wer mutig ist traut sich wirklich einfache Lösungen zu präsentieren, stellt sich einem ständigen Feedback durch den zahlenden Kunden und riskiert, in die Fachwelt des Anwenders zu treten und dort offen zu diskutieren; offen über Schwierigkeiten im Projekt oder bei der Erledigung oder dem Verständnis einer Unteraufgabe.[38]

III.2) Überblick über die Techniken des XPs

Von XP wird mehr geliefert als idealistische Werte und Prinzipien. Diese geben zwar die Motivation eindeutig vor, doch fehlt es ihnen an verbindlichen Instrumenten zur Umsetzung.

Diese Instrumente werden zum Großteil durch *zwölf*, grob in drei Klassen einteilbaren, sich gegenseitig unterstützenden *Techniken* des XPs abgedeckt. „Sie helfen dem Entwickler, sich prinzipientreu zu verhalten"[39], geben in sofern operative Handlungsmaxime vor. Eine Gesamtübersicht ist der Tab. 3.1 zu entnehmen.

Nachfolgend soll eine Übersicht geschaffen werden, die es für den Benutzer nachvollziehbar macht, inwieweit Qualität durch die Techniken beim XP gefördert wird. Es soll explizit auf die Qualitätsmerkmale geschlossen werden können, die direkt beeinflusst werden. Eine detaillierte Betrachtung der Techniken soll indes ausbleiben.

Eine mögliche Klassifikation trennt die Techniken in

---

[37] vgl. Lippert, Martin/ Roock, Stefan/ Wolf Henning: *Extreme Programming – Erfahrungen,* Heidelberg, 2002, S. 4
[38] Ebenda, S. 5
[39] Ebenda, S. 9

(a) *Programmiertechniken*, die direkt das Schreiben von Programmcode betreffen,

(b) *Interaktionstechniken*, die das Zusammenspiel zwischen den Programmierern während der Programmierung zum Thema haben, und

(c) *Integrations-Techniken*, die die Beziehung zwischen dem Business und den technischen Interessen zu verbessern bzw. zu unterstützen versuchen[40].

| **Programmiertechniken** |
| einfaches Design |
| Refactoring |
| |
| **Interaktionstechniken** |
| Testen |
| Programmieren in Paaren |
| Gemeinsame Verantwortung |
| Programmierstandards |
| Fortlaufende Integration |
| |
| **Integrationstechniken** |
| Kunde vor Ort |
| Planungsspiel |
| Metapher |
| Kurze Releasezyklen |
| *40-Stunden-Woche* |

Tab. 3.1: Überblick über die Techniken

III.2.1) Programmiertechniken

„If you are sailing to India, you need to lay out a general course. But you can't possibly anticipate all the changes in currents and winds along the way, so don't bother trying. XP says don't commit until you absolutely have to."[41]

Unter den Programmiertechniken werden *einfaches Design* und das *Refactoring* subsumiert. Sie betreffen direkt die Programmierung, vor allem aber das Design.

III.2.1.1) Einfaches Design

Das *einfache Design*, das sich direkt aus dem Grundsatz der Einfachheit ableiten lässt, fordert aus der Helikoptersicht ein System zu entwickeln, das so einfach in seiner Struktur ist, dass es leicht zu verstehen und leicht zu kommunizieren ist - denn die Umsetzung und die Anpassung kann grundsätzlich einfacher und schneller

---

[40] *Die Klassifikation ist an folgender Quelle angelehnt: o.V.: Extreme Programming Pocket Guide, Sebastopol, 2003, S.16ff. Es werden vom Autor möglichst treffende, deutsche Bezeichnungen eingeführt. Auch war der Autor mit der Einteilung nicht gänzlich einverstanden, so dass einzelne Änderungen vorgenommen worden sind. Diese werden angemerkt.*
[41] Abbott, Bruce: *Going to Extremes*, o.O., 2000, S.3

erfolgen als es bei einem komplexen Entwurf der Fall wäre[42]. Man verzichtet grundsätzlich auf ein „*Big Upfront Design*", ein Design auf Vorrat[43]! Die Angemessenheit
aus Sicht des Kunden sowie aus der Sicht der Entwickler wird dadurch gefördert.
Die Lesbarkeit und die Testbarkeit des Quelltextes werden i.A. ebenfalls erleichtert.
Grundsätzlich würde allerdings die Wiederverwendbarkeit wegen des hohen Grades
an Spezialisierung und dem damit verbundenen Loslassen von Abstraktion im Design eingeschränkt werden. Damit läuft es einem der Kerngrundsätze der Objektorientierung zuwider, reflektiert dadurch aber die Werte des XPs[44].

Kritiker betonen zudem, dass bestimmte Eigenschaften eines Systems einfach vor-
ausgeplant werden müssen. Von *LIPPERT* wird daher der frühe Entwurf einer Makro-
Architektur (etwa nach dem WAM-Schichtenmodell) empfohlen[45]. Auch erkennt er
die Gefahr, am Ende ein „[…] komplexes, zusammengestückeltes System [entwi-
ckelt zu haben], welches dann schwerwiegende Performance -Probleme offen-
bart"[46]. Dieses würde implizit dem Qualitätsaspekt der Effizienz von Software
undienlich sein.

III.2.1.2) Refactoring

Wird also im Nachhinein festgestellt, dass die gewählte Struktur zwar die Aufgabe
erfüllt aber insgesamt Programmteile zu komplex sind und darunter die Performance
leidet oder dadurch die Weiterentwicklung behindern wird, werden diese Problem-
felder überarbeitet. Dieser Vorgang wird als *Refactoring* bezeichnet und soll lediglich das übergreifende Design durch Veränderung der Struktur des Quelltextes ver-
einfachen ohne das Verhalten des Codes zu beeinflussen[47]. Man spricht auch von
semantikerhaltenden Anpassungen. Das Refactoring verfolgt grundsätzlich neben
dem Aspekt des sauberen und angemessenen – beim XP evolutionären – Software-
Entwurfs auch dem Leitsatz von *BECK*: „Make it run, make it right, make it fast"[48].

---

[42] vgl. Lippert, Martin/ Roock, Stefan/ Wolf Henning: *Extreme Programming – Erfahrungen,*
Heidelberg, 2002, S. 12
[43] Ebenda, S. 65
[44] Abbott, Bruce: *Going to Extremes,* o.O., 2000, S.3
[45] vgl. Lippert, Martin/ Roock, Stefan/ Wolf Henning: *Extreme Programming – Erfahrungen,*
Heidelberg, 2002, S. 68f
[46] Ebenda, S. 73
[47] vgl. o.V.: *Extreme Programming Pocket Guide,* Sebastopol, 2003, S.19
[48] Lippert, Martin/ Roock, Stefan/ Wolf Henning: *Extreme Programming – Erfahrungen,*
Heidelberg, 2002, S. 78

Im Pocket Guide wird ein Beispiel aus dem alltäglichen Leben herangezogen, um die Motivation des Refactorings zu veranschaulichen:

> „Coding is like cooking. If you let pots and pans pile up, you'll eventually run out of clean dishes and counter space. By washing as you go, you'll always be ready to cook at a moment's notice. [...] Wading through messy and fragile code is disheartening. Working with clean and simple code is a joy."[49]

Durch die Komponententests (vgl. Kap. III.2.2: *Testen*) wird die Korrektheit auch nach der Umstellung gewährleistet und so mögliche Seiteneffekte verhindert. Das setzt allerdings voraus, dass die Tests selbst vollständig und richtig sind. Im Rahmen des Refactorings kann darüber hinaus auf die Wiederverwendbarkeit, die Ausbaufähigkeit und die Wartbarkeit ein besonderes Augenmerk gelegt werden und dadurch die diesbezügliche Kritik am eben diskutierten einfachen Design insgesamt wieder entschärft werden. Das setzt jedoch voraus, dass dieser Prozess regelmäßig wiederholt und in kleinen Schritten umgesetzt wird bzw. umsetzbar bleibt.[50]

Einen Einfluss auf die Korrektheit bzw. die Zuverlässigkeit der Software kann direkt wegen rein semantikerhaltenden Änderungen an der Struktur nicht festgestellt werden. Aber es ist anzumerken, dass das Refactoring mit einem oberflächlichen Review vergleichbar ist, der nicht unbedingt von den originären Entwicklern durchgeführt werden muss, und dabei Unstimmigkeiten oder Fehler zusätzlich aufgedeckt und geändert werden können.

---

[49] o.V.: *Extreme Programming Pocket Guide*, Sebastopol, 2003, S.20
[50] vgl. o.V.: *Extreme Programming Pocket Guide*, Sebastopol, 2003, S.19

III.2.2) Interaktionstechniken

Teamplay ist nicht zuletzt wegen der formal schwachen bzw. fehlenden Hierarchie zwischen den Entwicklern auf der einen und der personenunabhängigen Entwicklung auf der anderen Seite ein entscheidender Erfolgsfaktor des XP. Die Interaktionstechniken zielen darauf ab, die Arbeit zwischen den Entwicklern in einem Projekt zu unterstützen, ja teilweise sogar erst zu ermöglichen. Hierzu zählen das *Testen*, das für XP so charakteristische *Programmieren in Paaren*, die *gemeinsame Verantwortlichkeit*, die *Programmierstandards*[51] und die *fortlaufende Integration*.

III.2.2.1) Testen

Beim *Testen* wird grundsätzlich die Anforderungserfüllung einer Klasse hinsichtlich der Korrektheit und Funktionalität (*Komponententests*[52]) bzw. der Akzeptanz beim Kunden (*Akzeptanztests*) untersucht.

Bei den Komponententests werden die Entwickler dazu angehalten, vor oder mit der Entwicklung einer Klasse (ausgenommen GUI-Klassen) einen Test in Form einer Testklasse zu schreiben, der alle relevanten Methoden der entsprechend zu entwickelnden Klasse prüft[53] und bewusst (vor allem vor der Implementierung der Klassen) Fehler erzeugt[54]. „Black-Box-Tests werden typischerweise vor der Methoden-Implementierung, White-Box-Tests parallel oder nach der Methoden-Implementierung realisiert"[55].

Diese Tests können dann in kurzen Abständen während der Entwicklung ausgeführt werden. Wird ein Fehler in einer Klasse festgestellt, der nicht durch den Test abgefangen wird, muss der Test sofort erweitert werden. Das Testen sollte durch geeig-

---

[51] *In der Quelle, der diese Klassifikation originär entnommen wurde, werden die „Programmierstandards" den Programmiertechniken zugeordnet. Allerdings steht nach der Ansicht des Autors und in Einvernehmen mit der Literatur (vgl. Lippert, Martin/ Roock, Stefan/ Wolf Henning: Extreme Programming – Erfahrungen, Heidelberg, 2002, S. 108) hier eher der Aspekt des Miteinanders – also der Interaktion – als die generelle Programmierung im Vordergrund!*
[52] *Dieses Vorgehen findet man auch unabhängig vom XP unter der Bezeichnung der „testgetriebenen Entwicklung" (Test-Driven-Development) wieder. Diese wird für das XP adaptiert. Weitere Infos unter*
http://www.zdnet.de/builder/program/0,39023551,39116883,00.htm
[53] vgl. Lippert, Martin/ Roock, Stefan/ Wolf Henning: *Extreme Programming – Erfahrungen*, Heidelberg, 2002, S. 50f
[54] vgl. o.V.: *Extreme Programming Pocket Guide*, Sebastopol, 2003, S.25
[55] Rumpe, Bernhard: *Back to Basics*, München, 2001, S.5

nete Instrumente (wie etwa das Test-Framework *JUnit*[56] für Java) unterstützt werden, so dass der Mehraufwand für den Entwickler minimiert, der Nutzen für das Team – vor allem im Hinblick auf das in Kap. III.2.1.2 beschriebenen Refactoring und den damit verbundenen Seiteneffekten – hingegen maximiert wird.

Durch die testgetriebene Entwicklung werden deutliche Qualitätsverbesserungen in Bezug auf die Korrektheit, Funktionalität und die Zuverlässigkeit und die Robustheit der Software propagiert. Allerdings darf dabei keine Beschränkung auf isolierte Tests für einzelne Klassen stattfinden. Es ist notwendig, dass außerdem Tests für die Gesamtsystemintegrität – also das Zusammenspiel der einzelnen Klassen – vorhanden sind und genauso gepflegt werden, wie die einzelnen Komponententests[57]. Erst dadurch wird die Auswirkung der genannten Qualitätsmerkmale wirklich sichergestellt.

Ein weiterer genereller Vorteil der Komponententests ist die nicht direkt intendierte Dokumentation der Anwendung einzelner Klassen durch die vollständige Nutzung dieser in den Klassentests[58]. Dadurch wird das Verständnis der Entwickler gefördert, die Lesbarkeit und die Erweiterbarkeit zusätzlich vereinfacht.

Bei den Akzeptanztests handelt es sich um „[…]kleine »Spezifikationen« des zu erstellenden Systems[…]"[59]. Hierbei wird die kritische Anwendersicht des Kunden auf den aktuellen Stand der Projektentwicklung einbezogen und die Akzeptanz in Form von meist automatisiertem Feedback sichergestellt. Die vollständige Automatisierung der Akzeptanztests wäre wünschenswert ist aber vor allem aufgrund der weichen Faktoren im Rahmen der Gebrauchstauglichkeit in der Regel nicht realisierbar[60].

Wenn die Akzeptanztests die Anforderungen des Kunden im Großen und Ganzen abdecken, kann der Anteil der erfolgreich durchlaufenden Tests als Fortschrittsindikator herangezogen werden[61]. Zudem werden durch die Akzeptanztests positive Rückschlüsse hinsichtlich der besonderen Beachtung der Benutzbarkeit als Qualitätsindikator aus Sicht des Kunden beim XP deutlich. Die Angemessenheit – also

---

[56] Weitere Informationen unter www.junit.org
[57] vgl. o.V.: *Extreme Programming Pocket Guide*, Sebastopol, 2003, S.28
[58] vgl. Lippert, Martin/ Roock, Stefan/ Wolf Henning: *Extreme Programming – Erfahrungen*, Heidelberg, 2002, S. 55
[59] Lippert, Martin/ Roock, Stefan/ Wolf Henning: *Extreme Programming – Erfahrungen*, Heidelberg, 2002, S. 59
[60] vgl. Lippert, Martin/ Roock, Stefan/ Wolf Henning: *Extreme Programming – Erfahrungen*, Heidelberg, 2002, S. 59
[61] vgl. o.V.: *Extreme Programming Pocket Guide*, Sebastopol, 2003, S.28f

das *Nicht-Zuviel-Und-Nicht-Zuwenig* – wird aus der Kundenperspektive implizit mit gefördert.

Das Testen erfordert von den Entwicklern eine ungeheure Disziplin. Andersherum ausgedrückt macht es beim Einzelnen nur dann Sinn, wenn das ganze Team test-getrieben denkt und handelt! Stellt der Einzelne nämlich fest, dass das Testen von anderen vernachlässigt wird, greift die empirisch erwiesene, von *WILSON* und *KEL-LING* beschriebene *Broken-Window-Theory*[62] und er wird selbst nachlässig[63]. Hier wird besonders deutlich, dass XP nur dann erfolgreich eingesetzt werden kann, wenn alle Teammitglieder in gleicher Weise diszipliniert und konzentriert arbeiten.

III.2.2.2) Programmieren in Paaren

Das *Programmieren in Paaren* stellt eine besondere Herausforderung des XPs dar, die bereits 1995 – also vor der Veröffentlichung des ersten Beitrages zum XP – dis-kutiert wurde[64]. Kern dessen ist, dass zwei Entwickler sich einen Arbeitsplatz teilen und gemeinsam an einem Bildschirm, einer Tastatur und einer Maus an demselben Programmstück entwickeln. Dabei wird abwechselnd programmiert, wobei der un-mittelbare Entwickler - der *Driver*[65] - selbst nicht stumm vor sich hin kodiert, sondern seine Arbeit und seine Gedanken kommuniziert[66]. Der jeweils andere, der *Naviga-tor*[67], „[...] denkt über Vereinfachungen, neue Testfälle, alternative Lösungswege, Designalternativen etc. nach"[68] – er soll somit stärker strategische Aspekte berück-sichtigen[69].

Wie Studien gezeigt haben, ist dieses Vorgehen, obwohl zwei Programmierer ge-meinsam auf den ersten Blick deutlich langsamer sein mögen als bei der Einzelent-wicklung, aus qualitativen Gesichtspunkten erheblich effektiver[70]. Die Zeit, die für die Fehlerbehebung bei der Programmierung in Paaren durch das „Vier-Augen-Prinzip" gespart wird, rechtfertigt den trügenden Schein des personellen Mehrauf-

---

[62] Studie unter http://www.theatlantic.com/politics/crime/windows.htm
[63] vgl. Lippert, Martin/ Roock, Stefan/ Wolf Henning: *Extreme Programming – Erfahrungen*, Heidelberg, 2002, S. 55
[64] vgl. Cunningham, Ward et al.: *Pair-Programming*, S.2
[65] vgl. o.V.: *Extreme Programming Pocket Guide*, Sebastopol, 2003, S.30
[66] vgl. Lippert, Martin/ Roock, Stefan/ Wolf Henning: *Extreme Programming – Erfahrungen*, Heidelberg, 2002, S. 82f
[67] vgl. o.V.: *Extreme Programming Pocket Guide*, Sebastopol, 2003, S.30
[68] Lippert, Martin/ Roock, Stefan/ Wolf Henning: *Extreme Programming – Erfahrungen*, Heidelberg, 2002, S. 83
[69] vgl. Cunningham, Ward et al.: *Pair-Programming*, S.4
[70] Ebenda, S.6

wandes. Dieser Angst ist zudem durch die Empirie mit hochinteressanten Erkennt-
nissen ebenfalls der Wind aus den Segeln genommen worden, so dass man heute
zu der Meinung gelangt ist, dass zwei Programmierer auch mehr als das doppelte
und qualitativ hochwertigere an Arbeit gegenüber der Einzelentwicklung schaffen[71].

Das Programmieren in Paaren fördert deshalb ganz wesentlich die Korrektheit und
die Zuverlässigkeit und trägt wegen der geringeren Fehlerzahlen insgesamt zur Robustheit des Systems bei. Auch kann man davon ausgehen, dass zu zweit insgesamt leistungsfähigere Algorithmen gefunden werden können, die insgesamt die
Performance des Systems und damit die Effizienz beflügeln.

Programmieren in Paaren führt durch die gegenseitige Kontrolle die Entwickler zu
konsequenter Einhaltung der Regeln bzw. Techniken[72], erhöht die Netto-
Programmierzeit – also die Zeit des Arbeitstages, die ein Entwickler nicht abgelenkt
durch Emails, Telefon, Kaffeepausen u.Ä. ist – [73] und fördert damit insgesamt den
durch XP prophezeiten Projekterfolg.

Zudem findet ein Wissenstransfer – anfangs sicher zu Lasten der Entwicklungszeit –
innerhalb des Teams statt, der den einzelnen Entwickler im Falle einer Krankheit
o.ä. substituierbar macht[74] (Stichwort *Truck-Factor*). Insbesondere durch häufiges
Wechseln des Partners wird dieser gegenseitige Transfer begünstigt. Es ist allerdings darauf zu achten, dass der Qualifikationsunterschied der Partner nicht zu groß
ist. Die Erfahrung hat gezeigt, dass dann der Projektfortschritt stagniert[75].

Es sei zudem angemerkt, dass das Programmieren in Paaren für Entwickler, die
sonst in „[...] selbstgewählter Einzelhaft vor Tastatur und Monitor [...]"[76] ihren Aufga-
ben nachgegangen sind, eine völlig neue Herausforderung darstellt, die eine viel
stärkere Betonung auf *Soft-Skills* (Kritik-, Konflikt-, Kontakt- und Kommunikationsfähigkeit) legt als herkömmliches Programmieren[77]. Die Erfahrung zeigt zudem, dass
dadurch die Arbeit dem Einzelnen wesentlich mehr Spaß macht.

---

[71] vgl. Williams, Laurie/ Kessler, Robert R.: *Pair Programming*, 2000, S. 3
[72] vgl. o.V.: *Extreme Programming Pocket Guide*, Sebastopol, 2003, S 30
[73] vgl. Lippert, Martin/ Roock, Stefan/ Wolf Henning: *Extreme Programming – Erfahrungen*,
Heidelberg, 2002, S. 85
[74] Ebenda, S. 84
[75] Ebenda, S. 204
[76] Sixtus, Mario: *Gemeinsam auf die Spitze*, 2003
[77] vgl. Lippert, Martin/ Roock, Stefan/ Wolf Henning: *Extreme Programming – Erfahrungen*,
Heidelberg, 2002, S. 89f

Es muss allerdings angemerkt werden, dass sich durch die starke Fokussierung auf das dem unter erfahrenen Entwicklern fremden Programmieren in Paaren (aber auch anderen Techniken) XP Probleme einhandelt: „There is an inflexibility to XP that does not account for different personality types and work styles, which may alienate valuable members of your staff"[78].

III.2.2.3) Gemeinsame Verantwortung und Programmierstandards

Die *gemeinsame Verantwortlichkeit* und die *Programmierstandards* sind eine unmittelbare Forderung aus dem Programmieren in Paaren, dem Refactoring und dem damit verbundenen von allen wartbaren und auch zu wartenden Quelltexten bzw. Dokumenten. Gemeinsame Verantwortung bedeutet, dass alle Projektteammitglieder verantwortlich für das Gesamtsystem und nicht nur für ihre eigenen Entwicklungen sind und impliziert, dass alle Projektmitglieder in etwa die gleiche Qualifikation haben.[79]

Die „Programmierstandards legen die äußere Form des Quelltextes fest [...]"[80]. Sie sind notwendig, um bei häufig wechselnden Teams die Zeit für das Lesen des Quelltextes so kurz wie möglich zu halten und den Kommunikationsgehalt wegen des teaminternen Gewohnheitsgefühles zu maximieren[81]. Dadurch steigen sowohl die Lesbarkeit als auch die Erweiter- und indirekt die Testbarkeit des Quelltextes.

---

[78] Abbott, Bruce: *Going to Extremes*, o.O., 2000, S.2
[79] vgl. Lippert, Martin/ Roock, Stefan/ Wolf Henning: *Extreme Programming – Erfahrungen*, Heidelberg, 2002, S. 94. *Dabei ist anzumerken, dass die Verantwortung in der Form natürlich nur unter den Entwicklern gleich verteilt ist; die Anwender haben bzgl. der Quelltexte natürlich andere Verantwortungen!*
[80] Ebenda, S. 108
[81] vgl. o.V.: *Extreme Programming Pocket Guide*, Sebastopol, 2003, S.21f

III.2.2.3) Fortlaufende Integration

Wenn die Entwickler bzw. Teams gemeinsam jeden Quelltext des Projektes bearbeiten und verändern können, ist es notwendig, dass Neuerungen unmittelbar in das Gesamtsystem einfließen und damit wieder den anderen Entwicklern zur Verfügung stehen. Die Technik der *fortlaufenden Integration* ist daher wesentlich für den Projekterfolg.

Der bearbeitete Quelltext muss alle Komponenten- und Akzeptanztests erst erfolgreich durchlaufen bevor er an zentraler Stelle (etwa einem Integrationsrechner) dem Gesamtteam wieder zugänglich gemacht wird. „Der Integrationsrechner stellt demnach sicher, dass es zu jedem Zeitpunkt eine lauffähige und getestete Version des Gesamtsystems gibt"[82]. Diese kann dann jederzeit dem Kunden präsentiert werden.

III.2.3) Integrations-Techniken

„Building a successful software project requires far more than just coding. A beautiful, elegant, and comprehensively tested project is useless unless it meets the customer's actual needs. "[83]

Die Integrations-Techniken fügen dem Projekt die Möglichkeit zu externem Kunden-Feedback hinzu und ermöglichen dadurch die Ergänzung der technischen Seite durch die Anwendersicht. Zu diesen zählen die fehlenden fünf Techniken: Die des *Kunden vor Ort*, die des *Planungsspiels*, die der *Metapher*, und die der *kurzen Releasezyklen*[84]. Die *40-Stunden-Woche* passt insgesamt nicht in diesen Kontext. Sie soll aber dennoch in diesem Abschnitt kurz mit angesprochen werden.

---

[82] Lippert, Martin/ Roock, Stefan/ Wolf Henning: *Extreme Programming – Erfahrungen*, Heidelberg, 2002, S. 99
[83] o.V.: *Extreme Programming Pocket Guide*, Sebastopol, 2003, S.36
[84] *Die Akzeptanztests können ebenso zu dieser Gruppe gezählt werden, sind allerdings unmittelbar mit der Technik des Testens verknüpft, welche eindeutig den Interaktionstechniken zuzuordnen ist.*

III.2.3.1) Kunde vor Ort

Der *Kunde vor Ort* spielt eine besonders wichtige Rolle. Der Kunde wird als Bestandteil des Teams verstanden und ist sowohl für die wirtschaftlichen Entscheidungen als auch für die Anwendersicht verantwortlich.[85] Er ist Teil des Entwicklungsprozesses und somit idealer Weise direkt als Ansprechpartner vor Ort. LIPPERT fordert eine strikte Trennung dieses Aufgabenbereichs in den des Kunden als wirtschaftlichen Entscheidungsträger und den des Anwenders als Unterstützung bei inhaltlichen bzw. sachlichen Fragen und Anregungen[86].

Durch die ständige Möglichkeit des unmittelbaren und unkomplizierten Fragens wird verhindert, dass bei Unklarheiten mit Hilfe der Nebelstange losentwickelt wird – der Kunde kann das Schiff direkt zurück auf Kurs bringen. In der Praxis zeigt sich leider, dass aus verständlichen Gründen ein Kunde sehr selten zu 100% seiner Zeit in das Projekt eingebunden werden kann[87].

Durch diese informelle Kundenkommunikation wird somit ein weiterer, ganz wesentlicher Beitrag zur Angemessenheit und Benutzbarkeit der Software sichergestellt und damit die Qualität der Software im weiteren Sinne als ihre „[...] Eignung, festgelegte und abgeleitete Erfordernisse zu erfüllen [...]"[88] (s.a. Kap. 2), gefördert.

Sollte festgestellt werden, dass man sich bei seinen Zusagen hinsichtlich des geplanten Funktionsumfangs (sowohl zu viel als auch zu wenig) für das nächste Release verschätzt hat, kann der Kunde unmittelbar darauf angesprochen werden. Ihm ist dann die Entscheidung über das Rein- bzw. Rausnehmen einzelner Funktionalitäten für das bevorstehende Release anhand der von ihm zugeordneten *business values* überlassen[89].

---

[85] o.V.: *Extreme Programming Pocket Guide*, Sebastopol, 2003, S.36
[86] vgl. Lippert, Martin/ Roock, Stefan/ Wolf Henning: *Extreme Programming – Erfahrungen*, Heidelberg, 2002, S. 11 (in der Bemerkung)
[87] vgl. Rumpe, Bernhard/ Schröder, Astrid: *Quantitative Survey*, München, 2001, S.5
[88] Liggesmeyer, Peter: *Software-Qualität*, Berlin, 2002, S. 5
[89] vgl. o.V.: *Extreme Programming Pocket Guide*, Sebastopol, 2003, S.37

III.2.3.2) Planungsspiel

Eine erste Festelegung der Prioritäten diesbezüglich nimmt der Kunde im Rahmen des *Planungsspiels* vor. Im Planungsspiel werden in Form informeller Geschichten (sog. Story-Cards) die Eigenschaften des Systems für die nächste Iteration entwickelt. Im einfachsten Fall handelt es sich dabei um eine Tätigkeitsbeschreibung, die in das System aufgenommen werden soll. Diese Story-Cards „[...] dienen den Entwicklern und Anwendern [dazu], über Anforderungen zu diskutieren"[90].

Wie bereits erwähnt priorisiert der Kunde noch während des Planungsspiels die einzelnen Story-Cards, so dass die Entwickler den relativen Geschäftswert (business value) einzelner Story-Cards abschätzen und sich dann daran orientieren können. BECK und FOWLER sprechen diesen Punkt sogar direkt an: „Vermeiden Sie es, die Geschichten nach den technischen Abhängigkeiten anzuordnen. Meistens sind die Abhängigkeiten weniger wichtig als der Wert"[91].

Die Entwickler entwerfen dann zu den Story-Cards einzelne Task-Cards, die die technischen Funktionalitäten zu einer Story beinhalten. Dabei werden erste erwartete Probleme durch die Entwickler erkannt und können besprochen werden[92].

Von den Story-Cards ausgehend wird mit Hilfe der Erkenntnisse aus den Task-Cards die Zeit geplant, die für die nächste Iteration benötigt wird. Fordert der Kunde zuviel für eine sinnvolle Iterationsdauer, sollten einzelne weniger wichtige Funktionalitäten verschoben werden[93]. Am Ende einer Iteration wird dem Kunden der Projektstand präsentiert. Durch das Planungsspiel wird gewährleistet, dass der Kunde das erhält was er als am Wichtigsten erachtet.

---

[90] Lippert, Martin/ Roock, Stefan/ Wolf Henning: *Extreme Programming – Erfahrungen*, Heidelberg, 2002, S. 30
[91] Beck, Kent/ Fowler, Martin: *Extreme Programming planen*; München, 2001, S. 63
[92] vgl. Lippert, Martin/ Roock, Stefan/ Wolf Henning: *Extreme Programming – Erfahrungen*, Heidelberg, 2002, S. 137f
[93] Ebenda, S. 31

III.2.3.3) Metapher

Die *Metapher* soll den Entwicklern helfen, die für sie anfänglich meist fremden Fachfunktionen und -begriffe in Form von „Bildern" greifbar zu machen. Sie sollten von allen Projektmitgliedern geteilt und von allen gleich verstanden werden[94]. Dann verbessern sie die Kommunikation innerhalb des Teams einschließlich Kunde wesentlich. Aber Vorsicht: „Metaphern sind [...] nicht immer einfach konstruktiv einzusetzen. [...] Erfolgreiche Metaphern trennen sich irgendwann von ihrem Urbild und entwickeln eine Art Eigenleben[95]". Als Beispiel sei hier der Papierkorb auf dem Desktop – also dem Schreibtisch – von Microsoft Windows genannt. Dieser steht normalerweise unter und nicht auf dem Schreibtisch.

Es ist insgesamt festzustellen, dass die Metapher das am schwersten nachvollziehbare und umsetzbare aller von XP vorgeschriebenen Techniken ist[96]. Eine Umfrage von *RUMPE* und *SCHRÖDER* hat gezeigt, dass die Metapher von mehr als 40% der befragten Unternehmen wegen Schwierigkeiten in der Anwendung nicht genutzt wurde[97]. Zum Teil werden sie sogar als den Erfolg gefährdend eingestuft[98](s. Abb. 3.3).

Wird sie allerdings richtig verstanden und praktiziert, „bergen [Metaphern] ein hohes Potenzial in sich und können den Entwicklungsprozess unschätzbar bereichern"[100].
Im Falle einer oder mehrerer sauber gewählter Metaphern ist daher anzunehmen, dass die Benutzbarkeit der Software darunter profitiert, da sie zum Teil an aus der Praxis bekannten Abläufen angelehnt ist.

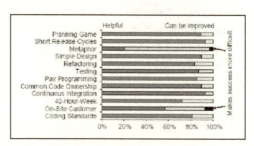

Abb. 3.3: Bewertung der einzelnen Techniken[99]

---

[94] vgl. Lippert, Martin/ Roock, Stefan/ Wolf Henning: *Extreme Programming – Erfahrungen*, Heidelberg, 2002, S. 37
[95] Lippert, Martin/ Roock, Stefan/ Wolf Henning: *Extreme Programming – Erfahrungen*, Heidelberg, 2002, S. 38
[96] o.V.: *System Metapher*, o.O., 2002
[97] vgl. Rumpe, Bernhard/ Schröder, Astrid: *Quantitative Survey*, München, 2001, S. 4
[98] Ebenda, S. 4
[99] Rumpe, Bernhard/ Schröder, Astrid: *Quantitative Survey*, München, 2001, S. 4
[100] Lippert, Martin/ Roock, Stefan/ Wolf Henning: *Extreme Programming – Erfahrungen*, Heidelberg, 2002, S. 37

III.2.3.4) 40-Stunden-Woche

Eine schwer den drei Gruppen zuordenbare Technik, die der *40-Stunden-Woche*, wird zusätzlich mit in diese Gruppe aufgenommen. Der Grund liegt in der hohen Abhängigkeit zu den kurzen Releasezyklen (s. dazu Kap. III.2.3.5) und den damit verbundenen Implikationen hinsichtlich der häufigen Stressphasen vor der Auslieferung, in der normalerweise Überstunden gemacht werden. XP postuliert an dieser Stelle zwei essentielle Grundsätze:

Erstens herrscht die Überzeugung vor, dass, bevor unter hohem Zeitdruck nachlässig programmiert wird, lieber in Absprache mit dem Kunden die geplante Funktionalität für ein Release zum Releasetermin reduziert wird. Das ist nur deswegen sinnvoll möglich, weil der Kunde im Planungsspiel Prioritäten vorgegeben hat und somit zu Ende eines Zykluses meist die Funktionalitäten mit verhältnismäßig niedriger Wichtigkeit unter den Tisch fallen[101]. Unter hohem Druck würden Fehler und Nachlässigkeiten den Gesamtprojekterfolg gefährden.

Zweitens gilt, dass kreative Programmierer nur dann produktiv arbeiten können, wenn neben der Arbeit der entsprechende Ausgleich durch Familie, Sport o.ä. stattfindet[102]. Somit soll (wenn möglich) auf Überstunden weitestgehend verzichtet werden. Zudem werden Überstunden normalerweise als Symptom schlechter Planung oder von Problemen im Entwicklungsprozess interpretiert[103]. Eine 40-Stunden-Woche ist deshalb für die Entwickler und im Interesse des Projektes erstrebenswert.

In der Praxis hat sich dieses auch bestätigt: So beschreibt *LIPPERT*, dass trotz des enormen Erfolgdrucks der auf XP lastet, der ständigen Iterationen und Releases und dem Aspekt, dass die Leute mehr Freude an der Arbeit haben, Überstunden nur der Ausnahmefall sind[104].

---

[101] vgl. Sixtus, Mario: *Gemeinsam auf die Spitze*, 2003. *Hier wird zwar Bezug auf das Gesamtprojekt genommen, aber gleiches gilt für einzelne Releases*
[102] vgl. o.V.: *Extreme Programming Pocket Guide*, Sebastopol, 2003, S.43
[103] vgl. Lippert, Martin/ Roock, Stefan/ Wolf Henning: *Extreme Programming – Erfahrungen*, Heidelberg, 2002, S. 112
[104] Ebenda, S. 113f

III.2.3.5) Kurze Releasezyklen

Die letzte fehlende Technik ist nun die der *kurzen Releasezyklen*. Grundsätzlich gilt, dass möglichst häufig Releases den zukünftigen Anwendern zur Verfügung gestellt werden sollten, um diesen die Möglichkeit zum unmittelbaren Feedback zu geben[105]. Dadurch stellt sich erst heraus, „Ob ein Softwaresystem erfolgreich ist oder nicht [...]"[106]. Auch wird gleich gewährleistet, dass die Software den Ansprüchen hinsichtlich der Benutzbarkeit und der Angemessenheit entspricht; Fehler aus Anwender- bzw. Praxissicht können früh identifiziert und eliminiert werden.

Dabei sei darauf hingewiesen, dass die Begriffe Iteration und Release leicht verwechselt werden können. *LIPPERT* bekräftigt die 1:n - Beziehung zwischen einem Release und mehreren Iteration. Das Release ist dabei ein tatsächlicher Feldtest, der zwangsläufig erheblichen Mehraufwand (Schulungen, Installationsprogramme, Einrichtung der Software an den Arbeitsplätzen) impliziert[107], während die Iteration lediglich dem Kunden vor Ort zur Verfügung gestellt wird (s.a. Abb. 3.4).

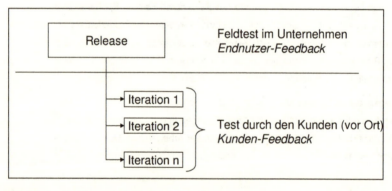

Abb. 3.4: 1:n - Beziehungen zwischen Releases und Iterationen

---

[105] vgl. o.V.: *Extreme Programming Pocket Guide*, Sebastopol, 2003, S.41
[106] Lippert, Martin/ Roock, Stefan/ Wolf Henning: *Extreme Programming – Erfahrungen*, Heidelberg, 2002, S. 41
[107] vgl. Lippert, Martin/ Roock, Stefan/ Wolf Henning: *Extreme Programming – Erfahrungen*, Heidelberg, 2002, S. 42

IV) Kritische Auseinandersetzung mit XP

In dem vorangegangenen Kapitel wurde XP als ein durchweg kunden- und teamori-
entiertes, insgesamt Erfolg versprechendes Verfahren lobpreist. Die einzelnen
Techniken mögen auch berechtigter Weise in der Regel von vorteilhaftem Charakter
sein. Nach einem Exkurs über vertiefende positive Erfahrungen mit XP (Kap. IV.1)
soll aber auch die Kehrseite der Medaille gezeigt und Argumente, die gegen das XP
sprechen, vorgebracht werden (Kap. IV.2). Zu guter letzt soll gezeigt werden, in
welchen Situationen XP anderen Vorgehensmodellen vorzuziehen ist (Kap. IV.3).

IV.1) Erfahrungen mit XP

Ausgangslage für die Bewertung aus der Praxis bildet eine Umfrage von *RUMPE* und
SCHRÖDER, die im Internet veröffentlicht wurde (Zusammenfassung unter A3).

Diese hat gezeigt, dass die XP-Projekte der Befragten durchweg sehr erfolgreich
abgeschlossen wurden[108] und alle Befragten XP wieder verwenden würden, wenn
eine angemessene Aufgabe vorläge[109]. Zudem geht aus der Studie deutlich hervor,
dass es selten vorkommt, dass alle
beschriebenen Techniken in vollem
Umfang in den Entwicklungsprozess
integriert werden[110]. Gerade die Metapher, die als schwer verständlich und
kommunizierbar empfunden wird, und
der Kunde vor Ort, der häufig nicht
so oft vor Ort war, wie man es sich
gewünscht hätte, führten in mehr als

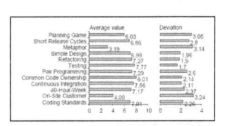

Abb. 4.1: Einsatz der einzelnen Techniken (Skala 0 =
nicht genutzt; 9 = sehr stark genutzt)[111]

---

[108] vgl. Rumpe, Bernhard/ Schröder, Astrid: *Quantitative Survey*, München, 2001, S. 3. *Es
aber darauf hingewiesen, dass unter Umständen die Zahlen dadurch verfälscht sein
könnten, dass die Befragten allesamt auf der Entwicklerseite waren (die sind natürlich immer
überzeugt von ihrem Produkt ☺) und zudem es durchaus sein kann, dass enttäuschte XPler
die Fragenbögen aus fehlender Motivation einfach ignoriert haben.*
[109] Ebenda, S. 3
[110] Ebenda, S. 4
[111] Rumpe, Bernhard/ Schröder, Astrid: *Quantitative Survey*, München, 2001, S. 4

$^2/_3$ aller Fälle zu Problemen[112], worunter deren Einsatz in der Praxis stark leidet
(Abb. 4.1).

Die Qualität der Arbeit wurde auf einer Skala von -5 bis 5 mit 4,18 bei abgeschlos-
senen und 4,4 bei laufenden Projekten bewertet[113]. Das erklärt sich dadurch, dass
bei laufenden Projekten der Maßstab eher durch die Zufriedenheit des Kunden und
damit der Gebrauchstauglichkeit (vgl. Kap. II.1) empfunden wird. Diese wird durch
die Techniken des XPs und des häufigen Feedbacks besonders gefördert. Im
Nachhinein fließen eben auch Wartungsaspekte in die Bewertung mit ein (vgl. Revi-
sionsaspekte Kap. II.1). Es zeigt sich somit, dass unter der häufig fehlenden Dokumentation und dem inkrementellen Vorgehen die „gefühlte" Wartbarkeit der Software doch leidet. Das insgesamt hohe, positive Niveau ist vorsichtig zu genießen,
zeigt aber, dass von den Befragten niemand wirklich unzufrieden war.

Die Transitionsfähigkeit einer Software bleibt durch XP als Vorgehensmodell eher
unberührt. Hier herrscht eine starke Abhängigkeit von den Qualifikationen der Entwickler und der gewählten Programmiersprache vor. Hinzuzufügen ist in diesem
Zusammenhang allerdings, dass knapp $^3/_4$ aller befragten Projektteams Java und
damit eine immerhin betriebssystemunabhängige und damit portable Sprache einsetzen[114].

Knapp $^1/_3$ der Teams gaben an, XP als Vorgehensmodell einzusetzen, weil sie von
anderen Vorgehensmodellen enttäuscht wurden. Ein Befragter schrieb: „The Project
commenced in March 2000 using CMM Level 5 outsourced developers using Unified
method. Code delivered unsatisfactory. Development brought in-house February
2001, and project restarted."[115] Es ist zwar unklar, inwieweit das Projekt nun besser
läuft, aber die grundsätzliche Erkenntnis, dass Prozess-Maturität nicht gleichzuset-
zen ist mit *garantierter Qualität* und erfolgreichem Projektabschluss, ist entscheidend für die Promoter von XP als leichtgewichtigem Softwareentwicklungsprozess.
Ein knappes weiteres Drittel befand die Projektsituation optimal für XP und setzte es
deswegen ein[116].

---

[112] vgl. Rumpe, Bernhard/ Schröder, Astrid: *Quantitative Survey*, München, 2001, S. 4
[113] Ebenda, S. 5
[114] Ebenda, S. 4. *Achtung – die Gesamtsumme aller Prozentsätze ist hier ungleich 100.
Darüber ist darauf zu schließen, dass auch mehrere Angaben gemacht werden konnten.*
[115] Rumpe, Bernhard/ Schröder, Astrid: *Quantitative Survey*, München, 2001, S. 4
[116] vgl. Rumpe, Bernhard/ Schröder, Astrid: *Quantitative Survey*, München, 2001, S. 4

IV.2) Kritik an XP

Eines der Argumente für XP sind die im Gegensatz zu herkömmlichen Vorgehens-modellen linear statt exponentiell wachsenden Kosten bei Änderungen. Für XP ist diese Annahme wesentlich und überlebenswichtig, doch fehlt es hierfür bislang an gesicherten und bestätigenden Untersuchungen[117]. In der Umfrage von *RUMPE* und *SCHRÖDER* wird allerdings von den Befragten angegeben, dass sie auf der Skala von -5 (much worse) bis 5 (much better) die „Costs of late changes" mit 4,44 bei laufenden Projekten beurteilen – also wesentlich besser als bei herkömmlichen Vor-gehensmodellen[118]. Insgesamt fehlt es allerdings an objektivierbaren Aussagen über die Kosten-Effektivität von XP[119].

Kritisch betrachtet werden muss außerdem die Vermutung, dass Software häufig Änderungen durch Kunden unterliegt. Dies gilt nur in bestimmten Projektumfeldern, nicht aber etwa bei eingebetteter Software, Aufträgen der öffentlichen Hand oder verteilt realisierten Projekten[120]. Die Frage ist hier allerdings, inwieweit durch ein gewisses Mehr an Flexibilität XP zu einem zusätzlichen Qualitätstreiber vor allem aus Sicht des Kunden in solchen Projekten (beispielsweise auch der öffentlichen Hand) beitragen könnte.

Auch wenn wie am Anfang dieses Kapitels von unwahrscheinlich hohen Erfolgs-quoten berichtet wurde, kann man die Dunkelziffer misslungener XP-Projekte nicht abschätzen. Dadurch ist die Gültigkeit solcher positiven Umfrageergebnisse grund-sätzlich in ihrer Aussagekraft eingeschränkt (vgl. Fußnote 108).

Ein weiterer Punkt ergibt sich aus dem Alter von XP. Daher gibt es kaum bzw. keine oder nur schwammige Erfahrungsberichte über die Wartungsfreundlichkeit. Das Wissen der Entwickler und des Kunden erodiert, auf Dokumentation wird bekannt-lich häufig verzichtet. Änderungen in den Anforderungen an die Software sind bei Projekten, in denen XP eingesetzt wird, keine Seltenheit. Man begibt sich als Unter-nehmen in eine unglaublich starke Abhängigkeit von dem „Lieferanten". Was ist aber, wenn dieser Insolvenz anmeldet und somit für zukünftige Änderungen nicht mehr zur Verfügung steht?

---

[117] vgl. Rumpe, Bernhard: *Back to Basics,* München, 2001, S.8
[118] Ebenda, S. 4
[119] vgl. Lippert, Martin/ Roock, Stefan/ Wolf Henning: *Extreme Programming – Erfahrungen,* Heidelberg, 2002, S. 213
[120] vgl. Rumpe, Bernhard: *Back to Basics,* München, 2001, S.8

RUMPE weist zudem auf das widersprüchliche Festhalten an dem Grundsatz der Einfachheit hin: „Obwohl Testen eine fundamentale Rolle in XP spielt, wird nicht auf fundierte Testmethodiken und Testwerkzeuge zurückgegriffen. Stattdessen wird explizit vorgeschlagen das einfachste vorhandene Testwerkzeug zu verwenden."[121]

Zudem zeigt sich erwartungsgemäß, dass häufig Firmen mit geringem Reifegrad das XP für sich entdecken[122]. Das ist allerdings nicht verwunderlich, da erfahrene Firmen mit entsprechender Zertifizierung durch das CMM u.ä. ihre Prozessmodelle, für die sie ausgezeichnet wurden, bevorzugen. *ROMBACH* fügt dem hinzu, dass eigentlich ohne Prozesse keine garantierte Qualität und vor allem keine wiederholte Qualität gewährleistet werden kann. Deshalb empfiehlt er, den leichtgewichtigen Prozess des XP um weitere leichgewichtige Prozesse für etwa die Analyse und das Design zu ergänzen.

XP setzt außerdem eines voraus: Alle Teammitglieder müssen motiviert, konsequent und qualifiziert sein. Hier greift die Redensart: Die Kette ist nur so stark wie ihr schwächstes Glied. XP stärkt zwar dieses schwächste Glied durch Wissenstransfer u.ä., kann allerdings bei untermotivierten oder vielen unterqualifizierten Entwicklern kaum Erfolg versprechen. Es ist allerdings anzumerken, dass das für alle anderen Vorgehensmodelle in gleicher Weise gilt. Um diesen zerbrechlichen Entwicklungsprozess mit seinen Techniken zu schützen werden Artefakte wie die Story-Cards oder die Task-Cards herangezogen. Diese vergegenständlichen Routinetätigkeiten und wirken daher stabilisierend auf den Prozess[123].

XP ist bei fehlender Prüfreferenz durch ein Pflichtenheft außerdem nicht bei sicherheitskritischer Software einsetzbar[124]. Da viele Unternehmen – allen voran die Banken – ihre Systeme als sicherheitskritisch empfinden, ist die meist konservative Vorsicht vor XP weit verbreitet. Deswegen werden teilweise ohne das Wissen des Kunden Techniken oder ganze Technikbäume des XPs angewendet – man spricht dann auch von „Guerilla-XP"[125].

---

[121] Rumpe, Bernhard: *Back to Basics,* München, 2001, S.9
[122] Rombach, Dieter: *Garant für Wettbewerbsfähigkeit*, Kaiserslautern, 2001, S. 17
[123] vgl. Lippert, Martin/ Roock, Stefan/ Wolf Henning: *Extreme Programming – Erfahrungen,* Heidelberg, 2002, S. 216
[124] Liggesmeyer, Peter: *Software-Qualität*, Berlin, 2002, S. 346
[125] vgl. Rumpe, Bernhard/ Schröder, Astrid: *Quantitative Survey*, München, 2001, S. 2

IV.3) Anwendbarkeit und Zukunft von XP

Fast in jeder Quelle, in der irgendeine Aussage über den Einsatz von XP gemacht wird, fällt das Urteil schnell und scharf: XP ist für kleine bis mittlere Projekte mit unsicheren Anforderungen ideal. Wegen der hohen Abhängigkeit der Entwickler im Team untereinander (Teamgrößen bis max. 12 Entwicklern werden empfohlen) ist XP tatsächlich nur in weniger umfangreichen Projekten einsetzbar. Die hohe Flexibilität und starke Ausrichtung an der Änderbarkeit unterstützt die These, XP gerade in Projekten mit unklaren Details einzusetzen. Demnach ist die grundsätzliche Einordnung richtig.

XP stellt auf seine Weise die Qualität als Übereinstimmung zwischen Beschaffenheit und Anforderung des Kunden der Software sicher und kann unter vielen Gesichtspunkten einen deutlichen Mehrwert für ein Projekt bringen. Aber auch andere Vorgehensmodelle haben nach wie vor ihre Daseinsberechtigung. So ist das Wasserfallmodell oder das V-Modell bei kleinen wie großen Projekten mit definierten Anforderungen gut einsetzbar. Die von *LIGGESMEYER* entnommene und um Entwicklungsmöglichkeiten für XP erweiterte, in der Abb. 4.2 dargestellte Einteilung dieser Vorgehensmodelle bestätigt dieses.

Ein Problem bei der Einordnung liegt allerdings in der vehementen Ausgrenzung von XP bei Projekten mit stabilen Anforderungen. XP ist einfach nicht prädestiniert für dokumentationsgetriebene Entwicklung. Sicherlich wären viele Techniken, die im XP zum Einsatz kommen, in anderen Vorgehensmodellen qualitativ förderlich. So

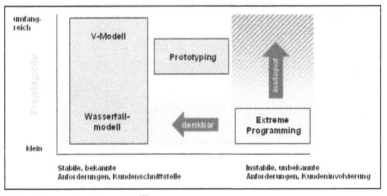

Abb. 4.2: Anwendbarkeit von XP [126]

---

[126] i.A. an: Liggesmeyer, Peter: *Software-Qualität*, Berlin, 2002, S. 347

könnte man hier überlegen, ob nicht beispielsweise das Programmieren in Paaren in der Entwicklungsphase im Wasserfallmodell einen zusätzliches Mehr an Qualität sicherstellen könnte. Ein vollständiger Einsatz des XP – Instrumentariums wäre mit aber nicht notwendig um solche Projekte zu unterstützen.

Nach der Meinung des Autors kann allgemein davon ausgegangen werden, dass leichtgewichtige und flexible Vorgehensmodelle zukünftig auch verstärkt in den Bereich der klaren Anforderungen eindringen werden. Vor allem, wenn das Wartungsproblem behoben ist[127] und weitere positive Erfahrungen mit XP gesammelt wurden, kann damit gerechnet werden, dass die Agilen Methoden – und allen voran das XP – einen Aufwind an Akzeptanz erfahren. Förderlich dafür ist vor allem die in dem Alter begründete Dynamik des Verfahrens: Erste Erfahrungen haben zum Beispiel dazu geführt, einzelne Techniken wie die Metapher zu hinterfragen. Vielleicht wird in naher Zukunft ein „neues Release" von XP diese praktischen Missstände beheben.

---

[127] *Bei Java ist durch die JDOCs, die automatisch und strukturiert eine Dokumentation aus dem Quelltexten generiert, schon ein solches Tool verfügbar.*

V) Schlussbemerkung

„Für wen leistet XP welchen Beitrag bezüglich der Qualität eines Softwareproduktes und wie verspricht es, dieses zu gewährleisten?" (Kap I.1)

Neben einer Zusammenfassung soll die Leitfrage aus der Einleitung an dieser Stelle nun eine aus den vorangegangenen Seiten nachvollziehbare, pauschale Antwort folgen.

Wir haben 15 Techniken kennengelernt, die auf vier einfachen Werten – der Einfachheit, der Kommunikation, dem Feedback und dem Mut – fußen. Diese Techniken sind Instrumente zur Umsetzung der Werte und sind insgesamt in einem leichtgewichtigen Prozess eingebettet.

Der Beitrag zu einer hohen Qualität setzt allerdings die geforderte hohe Qualifikation der Teilnehmer voraus – sowohl des Kundens als auch der Entwickler bzw. des Trackers. Das Urteil bezieht sich in erster Linie auf den positiven Einfluss auf die Merkmalsgruppe der Gebrauchsfähigkeit, die aus Sicht des Kunden kurzfristig wohl am Entscheidensten ist.

Aber auch die Revisionsfähigkeit wird durch die in aller Regel notwendige Objektorientierung und das von XP geforderte Refactoring gefördert und somit implizit mit betrachtet. Allerdings sind hier die Qualifikation und die Konsequenz der Entwickler gerade im Rahmen des Refactorings entscheidend, wo Erweiterbarkeit, Ausbaufähigkeit und Wartbarkeit, indirekt aber auch die Überprüfbarkeit und damit die Verifizierbarkeit angestrebt werden. Somit ist hier kein direktes Urteil möglich. Man kann allerdings davon ausgehen, dass im Gegensatz zu anderen Vorgehensmodellen diese Aspekte im Rahmen eines XP - Projektes ein wenig leiden.

Die Abhängigkeit des Kunden vom Entwicklerteam, die auf der einen Seite durch häufig fehlende Dokumentation, auf der anderen Seite durch die beiderseitige Erosion des Wissens bedingt wird, ist auch nicht zu unterschätzen und sollte gerade dem Kunden im Vorneherein bewusst sein. Hierunter kann die langfristige Transitionsfähigkeit stark leiden.

Mit XP kann somit durch den vollständigen Einsatz seiner Techniken ein erheblicher Mehrwert vor allem hinsichtlich der Gebrauchsfähigkeit für den Kunden bei unklaren Projektanforderungen geschaffen werden.

Anhang

A.1) Literaturverzeichnis

Abbott, Bruce: *Going to Extremes;*
http://www.devx.com/enterprise/Article/16919/0/page/1; o.O., 2000, Download
vom 22. Mai 2004

Beck, Kent/ Fowler, Martin: *Extreme Programming planen*; 1. Auflage, München,
Addison-Wesley Verlag, 2001
ISBN 3 8273 1832 7

Eckstein, Jutta: XP – Extreme Programming – ein *leichtgewichtiger Softwareentwicklungsprozess*, http://www.jeckstein.com/papers/basProXP.pdf, 2000, Download vom 16.Mai 2004

Fuermann, Timo/ Dammasch, Carsten: *Prozessmanagement*, 2. Auflage, München,
Carl Hanser Verlag, 2002
ISBN 3 446 21916 1

Härtl, Hartmut: *Software Engineering – Softwarequalität;*
http://www.oszhdl.be.schule.de/gymnasium/faecher/informatik/softwareprojekte/
qualitaetsmerkmale.htm; Download vom 11. Mai 2004

Liggesmeyer, Peter: *Software-Qualität* : Testen, Analysieren und Verifizieren von
Software, 1. Auflage, Berlin, Spektrum, Akad. Verlag, 2002
ISBN 3 8274 1118 1

Lippert, Martin/ Roock, Stefan/ Wolf Henning: Software entwickeln mit *Extreme Pro-
gramming – Erfahrungen* aus der Praxis, 1. Auflage, Heidelberg, dpunkt.verlag
GmbH, 2002
ISBN 3 89864 107 4

o.V.: *Extreme Programming Pocket Guide*, 1. Auflage, Sebastopol, O'Reilly & Asso-
ciates, Inc., 2003
ISBN 0 596 00485 0

o.V.: *System Metapher;* http://www.wikiservice.at/dse/wiki.cgi?SystemMetapher,
Download vom 23. Mai 2004, o.O, 2002

Pomberger, Gustav/Blaschek, Günther: *Software Engineering* – Prototyping und
objektorientierte Software-Entwicklung, 1. Auflage, München, Carl Hanser Verlag, 1993
ISBN 3 446 16262 3

Raditsch, Dieter: *Vergleich* von agilen Methoden und ‚klassischen' Ansätzen – eine
Diskussion; http://wwwai.wu-wien.ac.at/~koch/lehre/inf-wirt-2-pi-ws-
03/vortraege/vergleich_agile.pdf, Skript zur Vorlesung Informationswirtschaft II,
WS 03/04, Download vom 15.Mai 2004

Reißing, Ralf: *Informatik-Lexikon* der Gesellschaft für Informatik (GI) – Extremes
Programmieren; http://www.gi-ev.de/informatik/lexikon/inf-lex-extrem-prog.shtml,
Download vom 20. Mai 2004

Rombach, Dieter: Software-Qualität – *Garant für Wettbewerbsfähigkeit*;
http://www.sti-ev.de/veranstaltungen/jahrestagung/2001/unterlagen/rombach_sti.pdf, Download vom 23. Mai 2004, Kaiserslautern, 2001

Rumpe, Bernhard/ Schröder, Astrid: *Quantitative Survey* on Extreme Programming Projects; http://www.visek.de/?4763, Download vom 23. Mai 2004, München, 2001, siehe Anhang A2

Rumpe, Bernhard: Extreme Programming – *Back to Basics?*;
http://www4.in.tum.de/~rumpe/papers/Rum01/Rum01.pdf, Download vom 23.Mai 2004, München, 2001

Sixtus, Mario: *Gemeinsam auf die Spitze* treiben; Erschienen in „Die Zeit" vom 22. Dezember 2003, Zeitverlag Gerd Bucerius GmbH & Co. KG, Hamburg

Thomas, Dave/ Hunt, Andy: *Pragmatic Programming* – the first Day; http://oopsla.acm.org/fp/files/tut-5.html, Download vom 15. Mai 2004

Wallmüller, Ernest: *Software-Qualitätsmanagement* in der Praxis: Software-Qualität durch Führung und Verbesserung von Softwareprozessen; 2., völlig überarbeitete Auflage, München, Carl Hanser Verlag, 2001
ISBN 3 446 21367 8

Wendt, Dierk: *Klassische Fehler* in der Software-Entwicklung; http://www.cefe.de/ergebnisse/klassische-fehler.htm, Download vom 11.Mai 2004

Williams, Laurie/ Kessler, Robert R., All I Really Need to Know about *Pair Programming* I Learned In Kindergarten, http://collaboration.csc.ncsu.edu/laurie/Papers/Kindergarten.PDF, Download vom 22. Mai 2004, Mai 2000

A.2) Principles behind the Agile Manifesto

We follow these principles:

Our highest priority is to satisfy the customer
through early and continuous delivery
of valuable software.

Welcome changing requirements, even late in
development. Agile processes harness change for
the customer's competitive advantage.

Deliver working software frequently, from a
couple of weeks to a couple of months, with a
preference to the shorter timescale.

Business people and developers must work
together daily throughout the project.

Build projects around motivated individuals.
Give them the environment and support they need,
and trust them to get the job done.

The most efficient and effective method of
conveying information to and within a development
team is face-to-face conversation.

Working software is the primary measure of progress.

Agile processes promote sustainable development.
The sponsors, developers, and users should be able
to maintain a constant pace indefinitely.

Continuous attention to technical excellence
and good design enhances agility.

Simplicity--the art of maximizing the amount
of work not done--is essential.

The best architectures, requirements, and designs
emerge from self-organizing teams.

At regular intervals, the team reflects on how
to become more effective, then tunes and adjusts
its behavior accordingly.

Quelle: http://agilemanifesto.org/principles.html

A.3) Quantitative Survey on Extreme Programming Projects

Autoren:	Rumpe, Bernhard/ Schröder, Astrid
Quelle:	http://www.visek.de/?4763
Download vom:	23. Mai 2004
Veröffentlicht im Jahre:	2001
Seitenanzahl:	7 in der Kurzform (Langform 91 Seiten unter gleichem Link)